惟獨那些作品——指向十字架的基督，

最能引導我們跟隨主的腳蹤，

在獨處的時刻中默然前行；

惟獨那些作者——真正體驗過基督虛己

所帶來的震撼，

可以引導我們的心靈，

在敬拜中哭泣、歡笑，

在安謐中踏足永恆。

盧雲系列

靈修著作精選｜盧雲系列｜

心應心

真摯傾情的**禱告**

盧雲著 • 鄧紹光譯

基道出版社

盧雲系列

▼

靈修著作精選 • 盧雲系列

心應心

真摯傾情的禱告

Heart Speaks to Heart

作者
盧雲 Henri J.M. Nouwen

譯者
鄧紹光

責任編輯
堵建偉

裝幀設計
郭曉勤

■

發行 / 出版
基道出版社
香港沙田火炭坳背灣街 26 號富騰工業中心 1011 室
LOGOS PUBLISHERS
Unit 1011, Fo Tan Ind. Centre, 26 Au Pui Wan St., Shatin, Hong Kong
電話：(852) 2687-0331 傳真：(852) 2687-0281
網址：http://www.logos.com.hk

承印
陽光印刷製本廠

●

3/1991 初版 2/1992 二版
7/1994 三版 9/1999 四版 5/2004 五版
Cat. No. LP708-5A
ISBN-10: 962-7048-81-X
ISBN-13: 978-962-7048-81-7
Original Edition "Heart Speaks to Heart"
Published by Ave Maria Press

Printed in Hong Kong

刷次	12	11	10	9	8	7	6	5	4	3
年份	2022	2021	2020	2019	2018	2017	2016	2015	2014	2013

目錄

譯前

這是一篇追想的文字。

「序」是很怪的東西。寫書譯書的人總不會在未動筆寫或譯本文 (text) 時先寫序，然後順着下去寫內文，最後再來一篇「跋」。因此，序就變成跋了，而跋呢？不過又是另一篇序吧。要不然，像盧雲這樣，把成書原因寫下當作序，成書後種種相關遭遇則爲跋，倒也未嘗不可。不論怎樣，序與跋，都是成書後的產物，所記者，也就多少帶有追想的成分了。

十二月頭在中國神學研究院圖書館的新書陳列架上看到盧雲此書，薄薄一本，封面很吸引，黑色襯底，上繪紅色十字架連着心形，下書銀色 *Heart Speaks to Heart*，十分搶眼奪目。翻開見是三篇禱文，看了幾句，就生起繙譯此書的念頭。常覺天主教之靈操默觀祈禱，有超過更正教許多之處，當代之梅頓 (T.Merton)、盧雲即爲其中一二之佼佼者。他們著作的中譯本亦只有天主教出版印行，華人更正教教會無緣參與其事，頗有所憾，近聞基道書樓正計劃選取其中有分量之著作繙譯，乃趁交結潘寧博(W. Pannenberg)《天國近了》(*Theology and the Kingdom of God*)一書的校譯之際，探問書樓可有出版盧雲此書中譯本之意……經試筆後，雙方都感可行，乃欣然提筆。馳騁於盧雲字裏行間、心思祈禱之中，誠快事也。至於餘事餘思餘想，此處不贅，在這不過簡單交代一下繙譯之動機。嗯，聖誕無事，稍感寂寞，今見此書字數不及二萬，顯淺易明，自忖當能力之內，故毛遂自薦，好消磨一個假期，此亦當日之心思也。

是爲「譯前」。

鄧紹光

一九九〇年十二月二十六日

節禮日(Boxing Day)

序

這本祈禱小書有她自己獨特的故事。

一九八五年八月至一九八六年七月間，我住在法國的特魯斯里 (Trosly)，那裏是屬於「方舟團體」(L'Arche) 的一部分。「方舟團體」是一個世界性的羣體網絡，弱智人士和服侍他們的人都在這裏，嘗試在八福的精神 (The Spirit of the Beatitudes) 下共同生活。一九六四年，加拿大人范尼雲 (Jean Vanier) 和法國道明會會士托馬・菲利蒲 (Thomas Philippe) 在特魯斯里一布累爾 (Trosly-Breuil) 的小村鎮中創立這羣體。

當我到達特魯斯里，我被分配住在范寶蓮 (Pauline Vanier) 女士住所中的一間房子，我見過許多生氣勃勃、口齒伶俐，精神煥發的人，她是其中一位。范女士是范尼雲的母親，前加拿大總督范佐之 (Georges Vanier) 的遺孀。跟范媽媽 (Mammie) 結交爲友,是我在特魯斯里年日中其中一項特殊的恩典，

是這份友誼引發我寫下這些禱告。

這一切開始於羅貝爾・朗滋(Robert Lentz)爲我繪畫的聖像：福音使徒約翰(John the Evangelist)在天上的耶路撒冷倚着耶穌的胸口。這聖像被稱爲「新郎」，最能表達我的渴求，渴求跟耶穌建立更密切的關係。

我有些這聖像放大的照片，曾經裱過一幅送給范媽媽作爲聖誕禮物。她不單鍾愛，放在客廳一處特殊的地方，並向我表達她的謝意，告訴我她如何深切地專注投入耶穌的心靈之中。

即使我曾經追尋過一種與耶穌深密的個人關係，但卻從來不曾生起熱烈的渴求，要想向「聖心」 (The Sacred Heart)禱告。十九世紀的敬虔，以及表顯敬虔的雕像，叫我不敢肆意熱情投入。但這卻培育了許多人。因此，當范媽媽提及這事兒時，我有幾分猶疑；然而，她說話的態度方式卻出乎我意料之外。

她向我講述佩埃・阿米爾・皮雄(Pére Almire

Pichon,S.J.)的故事。這位耶穌會會士曾經當過小德蘭(Thérèse of Lisieux)的屬靈導師，也曾是范媽媽母親的屬靈導師。他早在寶蓮的心思中根植了一種對聖心穩固而沈實的奉獻。對於她來說，阿米爾·皮雄是眞眞正正屬乎上帝的人，全然沈醉在神聖心靈的奧祕中。范媽媽還十分清楚地記得這聖潔的人。同時，她亦深信不疑自己深情地投入聖心，是源自她母親和佩埃·阿米爾。

隔了一段日子，我們又再談及這事，她堅毅而帶着明顯震動的聲音說：「盧雲，我確然知道神想望你寫些聖心的文字。」我嚇了一跳，表達了我的疑慮。我說：「我不以爲我可以勝任，這看來並非我要作的。我內裏沒有任何感動要寫些聖心的文字。」

她聽後就不再提了，可不久後她上到我二樓的房間，她從來沒有這樣做過。她已經八十七歲了，舉步爲艱，要花很大氣力才能步上我的房間。沒有非不得已的原因，她不會這樣做。她坐在我桌子旁

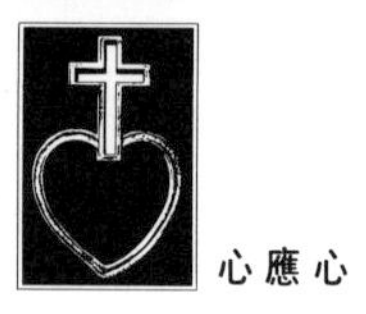

的小木椅上，說道：「盧雲，你該寫些聖心的文字這念頭一直縈繞着我，我確實知道這不是一個老婦人的愚蠢想法，這是眞正的感動。」

她眼裏的精光和她聲音的權威，讓我明白這陣子可不能輕率。我說：「我知道，我正十分嚴肅地思考你所說的。但我要告訴你，我毫不曉得，我該怎樣及何時才能開始這工作。」

她笑道：「嗯，你會知道的，我將不斷提醒你。畢竟，我是一個頑固的老婦人。並且，我毫不害怕給你施點壓力，特別是當我曉得這是出自神的，正如我告訴你的。」

我開始笑了，道：「我知道你不會放過我。我應允你，我會繼續聆聽，但你得耐着性子。」她關切地望着我，但眼裏仍充滿決意，說：「我不能等得太久，因爲我不再是個少女，我甚願能在主召我歸家前，看到你完成這作品。」

這一次難忘的探訪之後，我們之間開始了一個小小的遊戲，每次遇到我時，她總會說：「盧雲，

你沒有忘記吧？」而我則會答：「不，不曾，時候還沒有到。」後來我搬到多倫多，偶然通電話，她仍會說：「你沒有忘記吧？」有時，一些彼此相熟的朋友來探訪我，說並不明白那是甚麼意思，然而范媽媽就請他們問我可有忘記那事。

我愈來愈忙，決定搬到「黎明之家」(Daybreak)後更甚。那是多倫多的「方舟團體」，我在那裏生活和工作，當他們的神父。寫作的時間少得不可再少，至於寫些耶穌心靈的文字，看來越發忘記了。

然而，身體和情緒的虛耗逼使我要取假長休，我離開黎明之家到馬尼托巴(Manitoba)的溫尼伯(Winnipeg)，尋求醫治及重新得力。聖周(Holy Week，復活節前的一周)來臨時，我強烈地渴求在深度的獨處中慶祝耶穌的受難和復活。我問馬尼托巴的霍蘭(Holland)的熙篤會修士(Trappists)，可否容我參加他們的聖周和復活節。當我準備跟他們過節時，范媽媽的說話就浮現了。我打電話給我的朋

友愛妮斯・卡拉安(Annice Callahan, R.S.C.J.)，她寫過許多關乎聖心的文字，我請她借一些這題目的書給我，她慷慨地送來一整箱文獻，我便帶着到修道院去。在聖周寫些耶穌心靈的文字看來是時候了。

嗯，既是，又不是！我在修道院安頓後，我知道自己來是要靜默和祈禱，而非研習討論神之心的最新作品。我知道不會作出些甚麼來。聖周最初幾天我看了些書，主要是伯多祿・阿魯皮(Pedro Arrupe,S.J.)所寫關乎耶穌心靈的書，他寫此書時正任耶穌會的總監(Superior General)。他這本集子叫《我們的盼望只在祂裏面》(*In Him Alone Is Our Hope*)，深深感動我，撩起我新的渴想，要更完全地進入神愛的奧祕中，這神愛就在耶穌的受苦和復活中活現出來。

然而，我內裏卻有些轉變。我不再要想寫些**關乎**耶穌心靈的文字，我開始分辨出自己的心靈潛藏着一種眞正的渴求：**向**耶穌的心靈說話和聆聽祂心靈的說話。不知怎的，范媽媽的要求不再是要求撰

寫當代向聖心祈禱的詮釋；而是一個邀請，讓耶穌的心靈深深地觸摸我自己的心靈，並藉此經驗到醫治。

因暫離黎明之家的痛苦、不能在那裏過聖周和復活節，深深刺傷我的心。有些時候簡直不能承受。可是，當我仰望耶穌：祂洗門徒的腳又把自己的身體和血分給他們，被鞭打、戴上荊棘冠冕、又釘在十字架上，顯現給門徒，並指出手、腳和肋旁的傷痕，我曉得我該來祈禱，讓我的傷口跟被釘又復活的主的傷口爲一。

當聖星期四 (Holy Thursday) 來到，我開始寫信給耶穌——從心至心。耶穌受難日 (Good Friday) 和復活節的星期日，我也寫了。我沒有看任何文章或書本，只簡單地一邊祈禱一邊寫，一邊寫一邊祈禱，十分輕省，毫不吃力。字詞從我心中流出，我意會這正是范媽媽要我所做的，她從始至終就盼望我這樣做。她要我祈禱，傾盡全心地祈禱，她曉得，耶穌的心會在這些禱告中，開啓我的心。

心應心

第一章
「到我這裏來……」

凡勞苦擔重擔的人，可以到我這裏來，我就使你們得安息。我心裏柔和謙卑，你們當負我的軛，學我的樣式，這樣，你們心裏就必得享安息。因爲我的軛是容易的，我的擔子是輕省的。

馬太福音十一 28 ~ 30

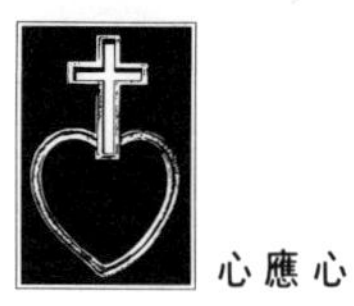
心應心

盧雲系列

親愛的主耶穌：

祢，永恆的道，藉着祢萬有得以成爲萬有，祢成爲肉身，住在我們中間，爲的是要跟我們一起說話、跟我們一起上路、跟我們一起祈禱，是的，甚至跟我們一起死去。祢成了人世間的一個人，以致不缺人性中的一切，一丁點兒也不缺；以致可以在一切的事上，除了罪，跟我們一樣。

祢這樣子，向我們彰顯了祢天父——也就是差祢來的那一位——那份無盡的愛。我們只能透過祢人性的心靈，得以窺見神聖的愛。我們就是被這樣的愛所眷愛着，而祢就是以這樣的愛眷愛着我們，因爲祢與父原爲一。

實在難以置信，祢竟然容讓愛自祢的心中流出。我是那麼不安、恐懼、疑慮和不信，當我說我信靠祢那完全和無條件的愛，我卻繼續在人羣中尋找情感、支持、接納和讚賞，我總是期望要在他們身上攫取那些只有祢才可以賜予的東西。

我清楚聽到祢的聲音，祢說：「凡勞苦擔重擔的人，可以到我這裏來……因我心裏柔和謙卑」，然而，我卻掉頭就跑，彷彿我信不過祢，只感到在那些心懷二意、迷惘失措的人中間，才覺安全。

啊，主，即使經驗告訴我人心的愛是何等不足和附帶條件的，但我還是那麼渴求人間的讚賞和支持，爲甚麼會這樣？那麼多人曾經向我表露鍾愛的情感、那麼多人曾經對我語出肯定和鼓勵、那麼多人曾經待我寬宏仁慈……可卻無人觸及我那深暗隱藏恐懼與孤獨的地方。

主，惟獨祢知道那地方。那地方深不見底，甚至叫我不覺，只有極度的困苦與傷痛，方才喚醒我有那地方的存在。這樣，我才曉得自己是何等孤獨，這孤獨的烙印，不是其他罪人可以代我除去的。我心深底的孤獨只會喚起他人同樣的孤獨，產生恐懼和痛苦，而非帶來愛和醫治。我自己的困苦引發他人的困苦，提醒他們自己裏面的空虛和孤立，告訴他們自己裏面缺乏足夠的空間容納人類同

胞。一個人的孤獨醫不了另一個人的孤獨。

祢的天父看到了人性的絕望，祂看見我們——祢的子民——滿懷貪婪、色慾、憤懣、惱怒、暴力和破壞，嘗試尋找導往平安與和諧的道路；但所得者，惟衝突跟戰爭而已。

然祢父的愛是無限的，祂渴求我們認識祂的愛，祂希望我們在祂的愛中，更希望可以滿足我們最深層的心願。如此，祂差祢到我們中間，讓祢擁有一顆人心，足以擁抱着人世間所有的孤獨和傷痛。祢的心不是石造的，乃是肉造的，祢的肉心不爲人的罪和不信而弄得狹窄，倒是寬廣深厚如神聖的愛本身。祢的心不分富貴與貧寒、朋友與敵人、男人與女人、奴隸與自由人、罪人與聖徒。祢的心滿有無限制的愛，敞開要接受任何人，誰要想到祢那裏，都有安身之處。祢盼可吸引所有人到祢那裏，爲他們提供一個家，以了結每個人的心願、以安頓每個人的想望、以滿足每個人的需要。

然祢心裏柔和謙卑。祢不用强、祢不拉扯、祢不脅迫。祢想望我們自由地進到祢的心裏，並相信我們可在那裏找到渴求已久的平安與喜樂。祢對我們沒有任何強求，祢不期望甚麼偉大的施予、祢不盼望甚麼英雄的舉動或出人意表的神蹟，祢要的只是信靠。祢只會把祢的心，賜予那些憑信而到祢那裏的人。

是祢首先踏出一步。祢說得清楚分明：「不是你們揀了我，是我揀選了你們。」祢揀選我們，是祢信心偉大的舉動。祢相信在我們罪孽深重、破碎難合、跟脆弱微小的心靈底下,埋藏着踏出自己、通往祢心的可能性，祢相信我們會說：「主啊，祢有永生之道，我們還歸從誰呢？我們已經信了，又知道祢是神的聖者。」祢最大的盼望就只是我們單純、信靠地回應祢：「是的。」

祢行的一切，在在都顯出了祢的愛，並祢父的愛。祢成了細弱、依賴的嬰孩，在無力中顯明祢自己。祢在埃及成了寄居，顯明祢跟那些離家去國的人，並無二致。祢順服父母而成長，顯明在尋索眞正身分，祢跟我們何等相近。祢當了平凡的木匠，工作經年，顯明祢要在一日復一日的勞碌中與我們同在。祢在曠野受試探，顯明該怎樣抗拒我們周遭邪惡的勢力。祢招聚門徒，讓他們簇擁在祢身旁，顯明怎樣跟其他人分享我們的異象，怎樣跟其他人一起事奉作工。祢宣講上帝的話語，顯明祢的眞理，並我們怎樣成爲眞理的見證。祢治好害病的、叫死去的復活，顯明祢臨在是要賜予整全的人（包括肉身與靈魂）的生命。祢變像，顯明祢神聖的榮光。祢走上受苦與死亡的漫長道路，顯明祢不要當旁觀者，祢不要在人世間至痛苦的經歷中當旁觀者。祢，父永恆的道，不斷選擇並定意一步一步地接近我們，向我們啓示祢心裏面無邊的愛。

啊主，祢要求我們的只是簡單的回答：「是的」，只是一個單純的信靠舉動，好叫祢爲我們所選擇的，能夠在我們的生命中結出果子。我不要祢只在我身旁掠過。我不要忙於自己的生活、自己的計劃與籌算、自己的親戚和朋友，以致忽略祢與我

同在，甚至比任何人更親近。我不要視而不見祢雙手愛的表示，也不要聽而不聞祢口中關懷的語詞。我要的是，祢與我同行時得見祢；我要的是，祢向我耳語時得聞祢。

祢的心滿是愛，要傾向我的身上；祢的愛燃起火焰暖着我心。祢多麼想給我一個家，給我歸屬感、給我安頓，給我一個受保護的隱蔽處，給我一個安全的避難所。祢頻常站在我生命中寬坦之處、拐彎街角，慈聲對我說：「來看啊，來跟我同在。你口渴時，到我這裏來……你這信靠我的，來喝啊。來吧，你這疲憊、乏力、低沈、沮喪、喪氣的。來吧，你這肉身痛苦、思想焦慮疲困、內心深處疑懼悲痛的。來我處，你便曉得，我已經賜新心和新靈給你；是的，甚至賜新的身體給你，好叫這身體上的生命奮鬬掙扎，被看爲美麗和盼望的記號。到我這裏來吧，信靠我吧。在我父的家裏有許多住處，我去原是爲你們預備地方。我去爲你們預備地方後，就必再來接你們到我那裏去；我在那裏，叫

你們也在那裏。」

我聽到了祢的話語，耶穌。我甚願盡心盡性盡力去聽，容讓祢的話語化成我的血肉，在我裏面爲祢建造住處。幫助我，幫助我關緊心中的門與窗，免得我離祢而去；免得我容許那些在祢以外的言語和聲音跑進來；免得我被那些來自狂野和凜颷世界的言語和聲音，牽扯遠去。

主，我凝視着祢。祢說過好多愛語，祢的心說得分明。現下，祢想向我更豁然地表明祢是多麼的愛我。祢知道祢父已將萬有交在祢手裏，且知道自己是從神而來的又要歸到神那裏去，祢便脫了外衣，拿了一條手巾束腰，隨後把水倒在盆裏，就洗我的腳，並用祢自己所束的手巾擦乾。

啊主，祢跪在我跟前，祢手握我的赤腳，祢擡頭望着我微笑。我感到自己裏面生起抗議：「主，不，祢永不可洗我的腳。」彷彿我抗拒祢對我的愛。我好想說：「祢沒有眞正了解我，我的陰暗感觸、我的驕傲、我的色慾、我的貪婪。我講的話可

能都對，但我的心可遠離祢。不，我不配屬於祢，祢心中還有別的人可揀選，但不是我。」然祢凝望着我，慈聲說：「我要你與我同在，我要你完全有分於我的生命，我要你屬於我，就如我屬於我父一樣，我要完全洗淨你，好叫你與我爲一、好叫你照着我向你所作的，去作在他人身上。」我該釋放我所有的恐懼、不信、疑慮和苦楚，單單讓祢洗淨我，做祢所愛的朋友，讓祢以無盡的愛擁抱我。

我再度凝視着祢，主，祢站起來，邀請我同桌用飯。吃着的時候，祢拿起餅，祝謝了，就擘開，遞給我，說：「拿着吃，這是我的身體，爲你捨的。」又拿起杯來，祝謝了，遞給我，說：「這是我的血，立新約的血，是爲你流出的。」祢知道自己離世歸父的時候到了，祢不盡地愛我，祢現在就愛我到底。祢把自己和所有的，都賜給我；祢全然傾出自己，爲了我。祢心中爲了我而盛載的愛，現下全然彰顯了。祢洗我的腳，並讓我吃祢的身體，喝祢的血。

啊主，我亟亟渴求的愛，除祢以外，還能到那裏去尋找呢？罪孽深重者如我，怎能期望如斯觸動我心靈肺臟極隱密處的愛？誰能如祢洗淨我，如祢讓我吃與喝？誰會如祢要我在祢裏面更密切、更親暱、更安全？啊主，祢的愛，並非只是言語和思想那樣難以捉摸。不，主，祢的愛出自祢人性的心靈，祢衷心的愛在祢的整個生命中全然展現流露。祢說話……祢凝望……祢觸摸……祢賜給我食物。是的，祢的愛觸動我全身的每一感官、緊握着我猶如母親緊握着她的孩子、擁抱着我猶如父親擁抱着他的兒子、輕拍着我猶如兄長輕拍着他的弟妹。

啊！親愛的耶穌，祢的心全是愛。我看見祢，我聽聞祢，我觸摸祢，我全然感受到：祢愛我。

我信靠祢，主，然請緊緊幫助我邁過許多不信與多疑。每當我的眼睛、耳朵或手掌離開祢，不信與多疑就來了。主，請你恆常召喚我返回祢手邊，無論日或夜、喜樂或悲哀之時、成功或失敗之際，

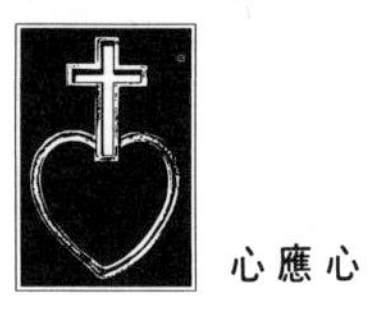

請永不要讓我離開祢。我知道祢與我同行，就請祢幫助我，今日與祢同行，明日與祢同行，永遠與祢同行。

第二章
惟有一個兵，拿槍扎祂的肋旁……

猶太人因這日是預備日，又因那安息日是個大日，就求彼拉多叫人打斷他們的腿，把他們拿去，免得屍首當安息日留在十字架上。於是兵丁來，把頭一個人的腿，並與耶穌同釘第二個人的腿，都打斷了。只是來到耶穌那裏，見祂已經死了，就不打斷祂的腿。惟有一個兵，拿槍扎祂的肋旁，隨即有血和水流出來。看見這事的那人就作見證，他的見證也是眞的，並且他知道自己所説的是眞的，叫你們也可以信。這些事成了，爲要應驗經上的説話：

祂的骨頭，一根也不可折斷。

經上又有一句説：

他們要仰望自己所扎的人。

約翰福音十九 31 ～ 37

親愛的主耶穌：

祢，「那不能看見之神的像，是首生的，在一切被造的以先。因爲萬有都是靠祂造的，無論是天上的，地上的；能看見的，不能看見的，」掛在十字架上，我仰望祢，祢剛說完最後一句話：「成了！」便將靈魂交付了。

祢擺上了一切，「反倒虛己，取了奴僕的形象，存心順服，以至於死，且死在十字架上。」祢毫無保留地把自己的身體賜給我，祢毫無保留地爲我流出祢的血。祢是愛，沒有一樣留下給自己，祢讓祢的愛自心坎中傾倒，好在我身上結果子。

我凝視祢十字架上死去的身體。兵丁打斷了那兩個與祢同釘的人的腿，卻沒有如此待祢。但惟有一個兵，拿槍扎祢的肋旁，隨即有血和水流出來。祢的心碎了。祢的心不識怨恨、報復、憤怒、嫉妒或猜忌，只懂愛，愛得那麼深，那麼廣，以至祢的愛胸懷祢在天上的父與在時空之下的人世間。祢破

碎的心是我救贖之源、盼望之基、愛心之因。一切昔在、今在與永在的都在這個聖地得其綰結統一。在此，得經歷種種苦難、度過種種傷痛、忍受種種孤獨、承受種種棄絕、呼喊種種苦困。在此，人的愛與神聖的愛接觸。在此，神與歷來一切男女和好。在此，一切人類的眼淚縱流，一切痛苦得被了解、一切絕望得被撫摸。我跟古今衆人齊心仰望他們所扎的祢，然後我逐漸明白過來，甚麼是與祢的身體、祢的血有分，甚麼是成爲人。

啊！耶穌，祢被差來我們這裏，並非爲要譴責我們，而是向我們啓示祢的愛和祢父的愛。祢的心多麼渴望把愛賜給我、賜給衆人。祢唯一的願望是我們接受這愛，讓這愛更新我們成爲祢父的兒女，做祢的兄弟、姊妹。而祢，也多麼渴望被愛。是的，耶穌，祢成爲脆弱以致祢可以接受脆弱的人的愛。祢渴望被人所愛，祢渴望被祢要來拯救的人所愛。祢的心是一顆全然敞開的心，賜予並接受愛。

可是祢在這裏，被釘在十字架上。祢的心碎

了。祢來施予的愛被拒絕；祢來接受的愛被收藏。祢的心，祢的那顆滿溢着神聖的愛的人心，碎了。被拒絕、被輕蔑、被唾棄、被恥笑、被鞭打、被戴荆棘冠冕，祢被掛在祢的十字架上。被祢鼓勵過的、被祢驅走惡鬼得自由的、被祢醫好疾病的，都走光了。祢的朋友猶大出賣祢，祢的朋友彼得不認祢。祢憂傷時沒有人與祢一同警醒，祢深沈地愛他們，卻無一人領會。

我凝視着祢，主，我看見祢被扎的肋旁，就在這裏祢的心碎了。我看着，我的心眼開始明白，祢把自己賜給天下間一切悲痛和憂傷的人，祢破碎的心成了全人類的心，整個人世間的心。多麼的悲痛、多麼的憂傷！祢承擔着這一切的人：被遺棄的孩子、遭見棄的妻子和丈夫、破碎的家庭、無家的、寄居的、下獄的、殘疾的和被虐的，以及千千萬萬不被人愛、爲人忘記和孤獨地死去的。我看見他們衰弱的身體，他們絕望的臉容、他們悲痛的容貌。我看見他們都在那裏，都在祢肋旁被扎那裏，

都在祢心被扯裂那裏。啊！憐恤的主，祢的心碎了，為了所有沒有付出的愛，為了所有沒有接受的愛。過去的、現在的，和尚未出生的，都可以仰望祢，而得見十字架上滿是他們的悲痛和憂傷。

啊！親愛的耶穌，看着祢的傷口，只見血和水湧流出來。那首先看到的人，視之為記號，顯明祢為經上所記的那位；然後把看見的都傳流下來，好叫我一樣也可以信靠祢——這一根骨頭也不折斷的那位，可以仰望祢——這被他們所扎的那位。

血和水自祢被扎的肋旁流出，血和水自祢破碎的心流出。主耶穌，幫助我明白這奧祕。血，經年無盡地流出：流出的血，源自為人踐踏腳下、毀傷、折磨、殺害、砍首並棄屍荒野的人身上，他們至死不解何以如此；流出的血，源自刀劍、弓箭、槍枝與砲彈，沾污了萬千人的臉容；流出的血，源自憤怒、怨毒、嫉怒、報復的心，並那為憎恨、暴力和毀滅所挑唆的心。從被兄弟殺害的亞伯的血到猶太人的血、亞美尼亞人的血 (Armenians)、烏克蘭

人的血(Ukrainians)、愛爾蘭人的血(Irish)、伊朗人(Irians)和伊拉克人的血(Iraqis)、巴勒斯坦人的血(Palestinians)、南非人的血(South Africans)和無數民族跟種族的犧牲者的血，他們被同胞中的兄弟姊妹的邪惡念頭殺害了，血已掩蓋大地，呼喊直達上蒼：「我的神，我的神，爲甚麼離棄我們？」

啊！耶穌，我反望自己的心、自己雙手，也是一般模樣，滿都是血。我的心像個世界縮影，我就住在其中，滿是暴力和毀壞。我沒有用我的雙手殺人，可天曉得我內心的情緒，跟那些因環境使然而要破口大罵、肆意破壞的人的情緒，有何分別？我能說自己雙手眞的沒有罪污嗎？它們經常成了貪婪和色慾、煩躁和憤怒、控訴和反責的工具，我知道它們時常被用來毆打而非擁抱、緊握拳頭而非示意平安和好；我知道它們時常被用來拿取而非施予、指責他人而非自搥心胸；我知道它們時常被用來表達咒詛而非和平。即使我看不見，我的手仍滿是血。我不可能洗手宣告清白。我滿身罪污、內疚與羞恥，只能站在祢的十字架底下。我知道我的手，是一雙沾了血的人手。

我凝視着祢被扎的肋旁，看見血從祢的心流出來。祢的心不識報復、只懂寬恕，不識嫉妒、只懂鼓勵，不識怨憤、只懂感激，不識恨惡、只懂和平。祢的心容不下邪惡，只盛滿愛。自祢心流出的血，是無罪羔羊的血，洗淨世界的罪污。山羊和公牛的血不能成就的，祢的血卻成就了。祢，親愛的主！聖潔、無瑕疵、無罪的羔羊，是唯一可以眞正獻給神的祭牲，以致可以進入天上的聖所，那是祢要帶領我們同去的地方，得以跟祢的父同在。先前自祢破碎的心流出的寶血，治好了我破碎的心，並每時每地、每男每女破碎的心。

我凝視着祢被扎的肋旁，不單看見血流出來，也看見水流出來。水像血一般，也是毀壞的記號。挪亞時代的洪水和人類歷史數不清的洪水，已說得淸楚明白。可是祢肋旁流出的水卻是賜生命的水。不單洗淨我的罪，也載我到新的地土新的家園與新

的羣體。這是紅海的水，祢領祢民過此而出埃及。這是沙漠中敲擊磐石而出的水，以解祢民的渴。這是約旦河的水，祢民祢約櫃渡此而入應許之地。這是來自聖殿的水，愈來愈深。這是祢領受施洗約翰之洗的水。這是在迦拿變成酒的水。這是畢士大池醫治人的水。這是祢洗門徒之腳的水。

是的，主，祢肋旁流出來的就是這些水。但比這些還要多，因為祢藉這水把祢自己毫無保留地賜給我們，讓我們有分於祢和祢父的團契相交；因為這水要在我裏頭成為泉源，直湧到永生。是的，主，湧自祢破碎的心的水，叫我成為新人、祢父的孩子、祢的兄弟。這是施洗的水，傾倒在我並許多人的身上，由此得以進入祢聖靈塑造的新羣體。

多謝祢，耶穌，多謝祢破碎之心的奧祕；祢的心被我們破碎也為我們破碎，現在卻成了寬恕和新生命的源頭。自祢肋旁流出的血和水向我顯明，祢藉着死賜給我新的生命。這生命讓我得以跟祢和祢父團契相交，但這生命也呼召我擺上我的一切，在

祢的愛中服侍世界。這生命是喜樂的，但也是捨己的。這生命是榮耀的，但也是受苦的。這生命是平安的，但也是掙扎的。是的，主，這生命是在水和血之中，但不再是毀壞的水和血，而是流自祢心的水和血，帶來和好跟平安。

耶穌，當我仰望祢被他們所扎時，我跪拜祢。讓流自祢心的血和水賜給我一顆新心，活出新的生命。我知道在這世上，水和血永不相分了。平安與傷痛、喜樂跟眼淚、愛與恨，仍存世上，它們會經常伴同左右，領我每日親近祢這位以祢心換我心的主。

啊，主耶穌，我感謝祢，我讚美祢 ，我愛祢。甚願我們的心合而爲一,好叫世界認得是祢差遣我,不是爲了責備，乃是爲了把祢的心賜予一切尋找愛的人。

第三章
「看，這是我雙手……」

那日（就是七日的第一日）晚上，門徒所在的地方，因怕猶太人，門都關了。耶穌來站在當中，對他們說：「願你們平安！」說了這話，就把手和肋旁指給他們看。門徒看見主，就喜樂了……

那十二個門徒中，有稱為低土馬的多馬；耶穌來的時候，他沒有和他們同在。那些門徒就對他說：「我們已經看見主了。」多馬卻說：「我非看見祂手上的釘痕，用指探入那釘痕，又用手探入祂的肋旁，我總不信。」過了八日，門徒又在屋裏，多馬也和他們同在，門都關了。耶穌來，站在當中說：「願你們平安！」就對多馬說：「伸過你的指頭來，看，這是我雙手*；伸出你的手來，探入我的肋旁。不要疑惑，總要信！」多馬說：「我的主！我的神！」耶穌對他說：

「你因看見了我才信，那沒有看見就信的有福了。」

約翰福音二十 19～20、24～29

* 譯註：「看，這是我雙手」一語英文為 'Look, here are my hands' 盧雲引「新耶路撒冷」譯本聖經之語，今直譯之。

親愛的主耶穌：

祢，父永恆的道，從神而出的神，從光而出的光，與父在本體上原爲一，祢取了人的肉身、活出人的生命，並如人死去——死在十字架上，向我顯明祢神聖的愛。可是祢的愛比死還堅强，祢神聖的愛打破死亡和毀壞的囚禁，在祢復活的身體再度彰顯出來。啊主，有誰能明白祢心中神聖的愛竟成了肉身！我再一次凝望祢。祢從死裏復活，現在向我顯現。祢對我說：「願你平安。」又把傷痕的手和肋旁指給我看。是的，祢在十字架上的傷痕在祢復活的身體上全然可見。我仰望祢，祢全然自獻的愛，永恆地烙在祢那榮耀的身體上；且隨這身體升到祢父（也是我的父）那裏去。

現在，我看見祢的心摟抱着衆人——世上每個時代每寸地土的受苦男女——跟祢一起被舉起，不單在十字架上，也在祢的復活之中，因而可以在祢與父和聖靈永遠同在的國度中，覓得一處安息之

所。現在我看見，即使我們仍在此世間掙扎求存，然當祢代我們跟祢父和解時，我們已經與祢爲一。祢的心在那裏，我們——是祢天父的兒女——也在那裏。在祢的心中，我們得以隱藏，也可與神同在。祢的心是我們永恆的家、我們棲息之所、我們的避難處和我們的盼望。

主耶穌，當我凝望着祢榮耀身體肋旁的傷痕，嘗試進入祢復活的奧祕，我痛苦地醒覺自己滿心膽怯、懼怕和疑慮。即使祢成就了一切、即使祢心盛載了一切的人性、即使祢以無邊的愛愛我並保守我，然我仍覺在祢以外還有更要緊的東西。我曉得我的家在那裏，我曉得我可在那裏安住，我曉得我可在那裏聽聞慈聲愛語，然我仍是不安，仍在尋找那些只有祢才可以給予的東西。

耶穌，看我正在掙扎，請顯明祢的憐恤。祢呼喊：「讓口渴的都來我這裏吧！讓信靠我的都來喝吧！」然而，我遲疑，我被衆多方向拉扯着。

經常，我不那麼覺得祢有形、有體、有聲；而

周遭的世界卻那麼容易看得見、聽得到、觸摸得到。在我還沒有完全了解這世界之先，就已貪婪地去看、去聽和觸摸——我總是渴求更多，永不滿足。當我遠離祢，爲周遭的聲、色和事物所吸引去了，我就埋怨祢不夠具體實在，我重複祢門徒多馬的說話：「我非用手探入祂的肋旁，我總不信。」

啊！親愛的耶穌，爲甚麼我總不能單純地信靠祢？祢曾多方向我顯明祢的愛，爲甚麼我總不能信靠祢？誰有福能剛懂事就認識祢？是我！誰人父母、朋友和老師都彰顯祢的愛眷和關顧？是我！誰有如此多機會識祢、愛祢更深？是我！然我仍愠怒不信，說：「我非用手探入祂的肋旁，我總不信。」

祢多忍耐啊，主，祢不嗔不愠。祢站在那裏，握着我手說：「伸出你的手來，探入我的肋旁。不要疑惑，總要信。」一次又一次，祢握着我的手探入祢肋旁的傷痕。好一段時間我妒忌祢的門徒可以親眼看見祢顯現，親眼看見祢被扎的肋旁，我嫉妒

多馬可以觸摸祢的傷痕。我常想：「如果我能跟他們一起在那裏，我就甚易信靠祢，且毫無保留地把自己獻給祢！」然我這樣想，立即曉得自己多愚蠢，不過是在找尋藉口跟祢保持距離。

啊！親愛的耶穌，只要我冒險全然信靠祢，祢破碎的心是易見易摸的。只要我願意開啓祢賜予我的雙眼，自會發覺祢是多麼接近我。祢對我說：「凡你作在我弟兄中一個最小的身上，就是作在我身上了。」飢餓的、口渴的、赤身的、在監的、流浪的、孤單的、憤怒的、瀕臨死亡的，都環繞着我，都顯明祢破碎的心。每次我走上街都看見祢，每次我看電視或聽電臺都看見祢，每次我翻開報紙都看見祢。每次我留神前來找我的婦人、男人或孩子,我都看見祢。每當我讓雙眼看見那些一日復一日跟我一起生活的人的傷痛，我便看見祢。祢是多麼的接近，比我凝視祢被扎肋旁之前還要接近。祢就在我的屋子裏，在我的街道上、在我的城鎮中、在我的國家內。我走、我坐、我睡、我吃、我作工、

我遊戲，祢都在那裏，祢總離我不遠。

啊！主耶穌，這不是一時感觸的意念，啊……不，這是眞實得不再的眞實。祢在痛苦中與榮耀中被舉起，吸引萬人歸向祢自己；祢這受傷又復活的主，跟我們同在。每當我觸摸祢破碎的心，我就觸摸到祢子民破碎的心；每當我觸摸祢子民破碎的心，我就觸摸到祢破碎的心。祢破碎的心跟世間破碎的心，同是一個心。

啊主，眞的，我曉得這是眞的。每次我不再恐懼自己的傷痕，不再恐懼我身邊的人的傷痕，膽敢溫柔地撫摸它們，喜樂跟平安就意想不到地滲入我身。有時只是靜靜地安坐讓自己孑然一身；有時只是聆聽陌生人向我揭露他的憤懣；有時只是等待一個孤寂的女人死去得釋放；有時只是跟朋友默默地欣賞倫布蘭（Rembrandt，譯註：1609～1669，荷蘭畫家）的畫作；有時只是緊靠着對我毫無懼意的人放聲大哭。主啊，我經常浪蕩遠赴安全之所——崇高的、强而有力的、有威信的和可見的地方。然我又常感莫名其妙的孤獨，彷彿身邊的人盡成木偶，而祢則爲異常的陌生人。可是每次我決意轉回祢心，我的心就燃燒，一種難以形容的平安湧進我心，一種從我們撫摸的傷口而來的平安湧進我的心。

主耶穌，祢經常呼召我靠近祢受傷的心，祢要在那裏讓我認識眞正的喜樂和眞正的平安。漸漸地，我明白在祢的心裏，看與不看、聽與不聽、摸與不摸，全無衝突。多馬聽過祢的聲音，看過祢的傷痕、摸過祢的肋旁，祢對他說：「你因看見了我才信；那沒有看見就信的有福了。」啊！親愛的主，那是祢的愛的奧祕。我不曾看見祢，卻每時每刻看見自己同胞破碎的身軀，就眞的看見祢。我不曾聽聞祢，卻每時每刻聽聞男人、女人、孩子痛苦的呼喊，就眞的聽聞祢。我不曾觸摸祢，卻每時每刻觸摸孑然而來的孤獨的心，就眞的觸摸祢。在人世間的一切破碎與傷痛中，我看見、聽聞、觸摸人性的心靈，那是祢的人性，那是一切被祢愛摟抱的

人的人性。

多謝祢，耶穌，多謝祢的愛心。多謝祢向我顯明祢的心。多謝祢讓我在不見中得以看見、在不聽中得以聽聞、在不摸中得以觸摸。多謝祢讓我每天愈加信靠祢、每天愈加有盼望，並每天愈加有愛心。

我的心很小、畏懼又怯懦。經常如此。然而祢說：「到我這裏來，我心裏柔和謙卑，並跟你一般破碎。不要怕，來，且讓你的心安穩在我的心裏面，相信一切都會安妥。」耶穌我要來，跟祢同在。主，我就在這裏，接納我的心，讓它滿載祢的愛。

跋

一九八八年三月二十八日，我前往熙篤會修道院，同日亦是范寶蓮女士跟特魯斯里的方舟團體慶祝她九十歲壽辰的日子。兩年前我曾住在她的屋子，她常跟我說：「看來我不可能再到我心愛的加拿大去，探望我的孩子和朋友了。」那時，她的身體十分虛弱，事實上，這樣的旅程對她來說太艱辛了。

可是，她很快強壯起來。一九八六年秋天，她已來到蒙特利爾，在歐卡 (Oka) 的修道院，跟她的熙篤會修士兒子一起生活了兩三天。回法國後，她以爲她再不能到加拿大了。可情況並非如此，一九八八年四月十二日，她生日慶祝後兩個星期，她從巴黎飛往多倫多，在黎明市 (Dayspring) 住了五天，那是黎明之家在那裏的一所祈禱房子，最近已開放給北美「方舟」成員，讓他們有個地方深化自己的屬靈生命。

當我向着耶穌心靈寫這些祈禱時，我突然想到這些禱文可以送給范媽媽作生日禮物。我的祕書康妮・愛麗絲 (Connie Ellis) 把禱文用打字機打好，釘裝成一本小書，連同花束和歡迎信，放在她房間的桌上。

我寫道我是多麼高興她來到黎明市，並表達因自己不在那處而深感遺憾。說到禱文，我有點自辯：「我向着耶穌的心寫這些禱文，是出於自己的內心，是你恆常提醒鼓勵的成果，只是些簡單的禱文。我自己的心若不曉得怎樣說話，我就不覺得我可以寫本書關乎耶穌的心靈。我盼望你會接納這些禱告，象徵我對耶穌的愛，也對你引導我靠近祂心靈所表示的無言感激。」

當我跟她通電話時，她多謝我送她禱文，說：「你知道，我雙眼已不行了，看不到你的禱文，但我盼望有人能製成錄音帶，讓我可以聽到。」我說：「或許我可以錄下來，但我卻真心願意有人能在你面前讀出來。」

幾日後，蘇珊．莫士特勒(Sue Mosteller)這位過去十四年一直幫助建立黎明之家，現在成了黎明之家的總幹事，在范媽媽面前讀了第一篇禱文。她隨即電告我：「盧雲，正是這些！不要修改。這出自你的心，全關乎耶穌的心。我十分感動，多謝你，多謝你。」

當我聽到她震動的聲音，跟她第一次說要我寫這些文字時的震動，完全一樣，一陣深深的感激穿透我。發生了一些我從來沒有想過的事情。在我身上，在她身上，在我和她之間：一些來自耶穌心靈的新東西，深深的醫治了我們。我們在電話上言語稀少。我們都知道神的心靈無限偉大，遠超過我們的心靈，這時無聲勝有聲，靜默更勝言語。

蘇珊對她讀完了三個禱告。之後，她離開黎明市前往探望她的修士兒子，又在蒙特利爾跟一些朋友相聚。然後，她回到法國，回到特魯斯里她的屋子。

每當我想到那屋子，在心中描繪她的房間時，

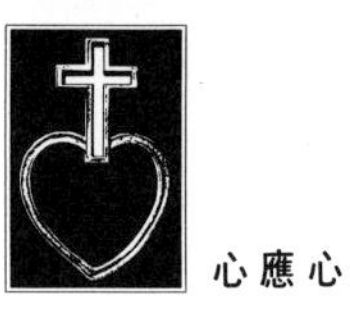

我就看到約翰倚着耶穌胸口這聖像，我知道在這一刻范媽媽和我都同樣帶着新的眼光注視這聖像。

我盼望和祈禱：一切這樣祈禱的人，都同樣在耶穌心靈湧流出來的愛裏面，經歷到醫治和更新。

譯後

這也是一篇追想的文字。

譯時譯後想了好多遍，該怎麼譯 *Heart Speaks to Heart* 一語呢？費煞思量。直譯是「心靈對心靈說話」，嫌其累贅，轉爲意譯：「**心應心**」，簡潔，但需解釋。「應」字作動詞，取「回應」、「應對」、「相應」，意可無窮。「應」字取此等意思，預設了兩造雙方對話而無單方獨語之意，這也顯一關係之義。順着念是心應心，倒着念也是心應心，來往而相互回應，卻頗切合盧雲序中末後一語：「……我祈禱，傾盡全心地祈禱，……耶穌的心會在這些禱告中，開啓我的心。」三篇禱文，實也字字語語暗合這個意思，乃定意選了「心應心」作此書之中文名字。

譯時浮現莫特曼 (J. Moltmann) 的《被釘死的上帝》(*The Crucified God*)。他在書中引述了一個別人講的故事，大意如此：「那些納粹的軍兵把兩個猶太男人和一個少年人，當着整個營的猶太人面前，施行問弔。那兩個男人很快就氣絕身亡，可是少年人卻沒有立時死去，只在那裏不斷抽搐，少說也有半個鐘，飽受煎熬。我身邊也有人問：『上帝在那裏？祂在那裏？』過了一段時間，少年人仍在掙扎，先前那個人再次喊叫：『現在，上帝那裏去了？』我心中不期然湧出一把聲音：『祂在那裏？祂就在這裏。祂就弔在絞刑架上。』」（頁 273～274）

然後，我腦海映現天安門廣場的屠殺，我彷彿看見上帝就在天安門廣場上被解放軍用機槍射殺；我彷彿看見祂全身浴血，倒臥在長安街上。

盧雲的禱告，不是胡亂的，他的神學根據就在莫特曼《被釘死的上帝》一書之內。

被釘死的上帝是全然被棄絕的聖子。

譯時浮現十字架上的棄絕。

十字架上的棄絕，是一雙重棄絕的事件。

十字架上，父把子棄絕於死亡的命運之中；十字架上，子爲罪人棄絕祂自己。

在雙重的棄絕中，父和子皆同受痛苦，只是以不同的方式承受而已。

子是自己主動捨棄自己的。加拉太書二章二十節下：「祂是愛我，爲我捨己」，子不是被動地爲父所棄絕，祂也是自己主動棄絕自己於十字架上。

子並非毫無自覺地任由邪惡和不幸的命運所擺佈，祂是完全自覺和自願地走上十字架的道路，祂甘心情願地承受這一命運，承受着與父分離的痛苦，而全然認同着人世間的苦痛。

子是透過棄絕來認同人世間的苦痛的。十字架的事件，不單是上帝三位一體之內的事件，並且同時是人世間歷史的事件，因爲子是爲了這個世界才上十字架的，子上十字架是認同人世間的痛苦的一個極致的表現。只有在十字架經歷過被棄絕，子才能徹底地體會到人世間因背離神而遭受到的咒詛、

離棄，是何等的深、何等的廣。

人世間的艱難、傷痛、不義、暴虐，都集中在十字架上來了，子把這一切都擁在懷裏，祂把天地間的罪惡過犯都擁在懷裏，默默地去承受，承受這一切的罪惡過犯所帶來的咒詛和審判，被父神棄絕，呼喊着：「我的神，我的神，爲甚麼離棄我」，然後死去，與父神分離，下到陰間。

子死在十字架上！是父神懷裏的獨生子死在十字架上！

上帝在那裏？上帝就在這裏，祂就被弔在絞刑架上。上帝在那裏？父懷裏的獨生子就在天安門的廣場上流血，三位一體中的第二位就在長安大街中槍倒地，被坦克輾過。

我們問上帝在那裏？我們在苦難哀問上帝在那裏？我們盼望看見上帝彰顯大能，施行神蹟奇事，但世上最大的神蹟是甚麼呢？最大的神蹟只向愚拙人顯露，向聰明人卻隱藏，這就是子被釘死在十字架上而又復活的事件。上帝就在苦難裏面。

眞正幫助我們的是甚麼呢？潘霍華說過：

「基督並非以祂的全能來幫助我們，

而是以祂的輭弱與痛苦來幫助我們。」

惟有子在十字架上的輭弱和痛苦才能眞正幫助我們面對苦難，因爲天地間最深、最悲痛的苦難就在那裏發生。

譯後浮現侯孝賢的電影《悲情城市》的一段情節。

臺灣二二八事件。後天失聲的林煥清（梁朝偉飾）出獄後往找大舅吳寬榮，煥淸筆談：「我在獄中已決定，出獄後要爲在獄中死去的朋友而活。」

是爲「譯後」。

鄧紹光

一九九〇年十二月二十六日

節禮日（Boxing Day）

作者簡介

盧雲(Henri J.M. Nouwen)

原籍荷蘭，著名靈修及牧養神學作家，曾於美國聖母院大學、耶魯大學及哈佛大學之神學院任教多年。一九八五年離開哈佛大學，在法國 Trosly 的「方舟團體」(L’Arche Community) 生活，等候及尋索未來的「召命」。終於受「方舟團體」在加拿大多倫多市以北的「黎明之家」(Daybreak) 邀請，自一九八六年起為其牧者，服事家中的弱智人士及職員，直至一九九六年九月安息主懷止。其作品包括《羅馬城的小丑戲》、《心應心》、《始於寧謐處》、《別了，母親》、《親愛主，牽我手》、《奉耶穌的名》、《與祢同行》、《鏡外》、《新造的人》、《生命中的耶穌》、《愛中契合》、《黎明路上》、《建立生命的職事》、《負傷的治療者》及《亞當》等。

盧▪雲▪著▪作▪一▪覽▪表

Intimacy: Essays in Pastoral Psychology (1969)
《愛中契合》香港：基道，一九九四。

Creative Ministry (1971)
《建立生命的職事》香港：基道，一九九六。

With Open Hands (1972)
《親愛主，牽我手》香港：基道，一九九一。

Thomas Merton: Contemplative Critic (1972)
《盧雲眼中的梅頓》香港：基道，一九九九。

The Wounded Healer (1972)
《負傷的治療者》香港：基道，一九九八。

Aging: The Fulfillment of Life
(With Walter Gaffney, 1974)
《生命的頂尖》香港：文藝，一九八〇。
《流金歲月》（新版）香港：文藝，二〇〇九。

Out of Solitude (1974)
《始於寧謐處》香港：基道，一九九一。

Reaching Out (1975)
《從幻想到祈禱》香港：公教，一九八七。

Genesee Diary (1976)

The Living Reminder (1977)

Clowning in Rome (1979)
《羅馬城的小丑戲》香港：基道，一九九〇。

In Memoriam (1980)
《別了，母親》香港：基道，一九九〇。
《念：別了母親後》（重譯本）香港：基道，二〇〇〇。

The Way of the Heart (1981)

Making All Things New (1981)
《新造的人》香港：基道，一九九二。

A Cry for Mercy (1981)
《頌主慈恩》香港：公教，一九八五。

Compassion (With D. McNeil and D. Morrison, 1982)

A Letter of Consolation (1982)
《慰父書》台灣；光啟出版社。

Gracias! A Latin American Journal (1983)

Love in a Fearful Land (1985)

In the House of the Lord/Lifesigns (1986)

Behold the Beauty of the Lord (1987)

Letters to Marc about Jesus (1988)
《生命中的耶穌》香港：基道，一九九三。

Circles of Love: Daily Readings with Henri J.M. Nouwen (1988)
《愛的漩渦：與盧雲默觀》香港：公教，一九九五。

The Road to Daybreak: A Spiritual Journey (1989)
《黎明路上》香港：基道，一九九五。

Heart Speaks to Heart (1989)
《心應心》香港：基道，一九九一。

Beyond the Mirror (1990)
《鏡外》香港：基道，一九九二。

In the Name of Jesus (1990)
《奉耶穌的名》香港：基道，一九九二。

Walk with Jesus (1990)
《與祢同行》香港：基道，一九九二。

The Return of the Prodigal Son (1992)
《浪子回頭》台灣：校園，一九九七。

Life of the Beloved (1992)
《活出有愛的生命》香港：基道，一九九九。

Show Me the Way (1992)

Jesus and Mary: Finding Our Sacred Center (1993)

Our Greatest Gift: A Meditation on Dying and Caring (1994)

Here and Now: Living in the Spirit (1994)
《念茲在茲》台灣：光啟，二○○○。

With Burning Hearts: A Meditation on Eucharistic Life (1994)
《熾熱的心》台灣：光啟，二○○一。

The Path of Freedom (1995)

The Path of Power (1995)

The Path of Waiting (1995)

The Path of Peace (1995)

The Genesee Diary: Report from a Trappist Monastery (1995)

Can You Drink the Cup (1996)
《你能飲這杯嗎？》台灣：上智，一九九九。

The Inner Voice of Love: A Journey through Anguish to Freedom (1996)
《心靈愛語》香港：卓越，一九九七。

Bread for the Journey: A Daybook of Wisdom and Faith (1997)
《心靈麵包》台灣：校園，一 九九九。

Adam: God's Beloved (1997)
《亞當——神的愛子》香港：基道，一九九九。

Sabbatical Journey: The Final Year (1997)
《安息日誌——秋之旅》香港：基道，二〇〇二。
《安息日誌——冬之旅》香港：基道，二〇〇三。
《安息日誌——春夏之旅》香港：基道，二〇〇三。

The Road to Peace (1998)
《和平路上》香港：基道，二〇〇二。

Finding My Way Home (2001)
《尋找回家路》香港：基道，二〇〇四。

Turn My Mourning into Dancing (2004)
《化哀傷為舞蹈》香港：基督徒學生福音團契，二〇〇四。

Peacework: Prayer, Resistance, Community (2005)
《和平篇章》香港：基道，二〇〇七。

Encounters with Merton: Spiritual Reflections (2004)
《遇見牟敦》台灣：光啟，二〇〇七。

Selfless Way of Christ: Downward Mobility and the Spiritual Life (2011)
《向下的移動》台灣：校園，二〇一二。

讀者意見表

緊扣時代 服事教會

以文字傳揚基督真道

衷心多謝你購買本社書籍。本社一直致力以出版事工服事教會，幫助信徒扎根於神的話語，促進靈命增長。為使我們的出版更能滿足你的需要，請填寫下列各項資料，並寄回或傳真予本社。

所購書籍：______________________

本書最吸引你的地方：
□作者 □適切性 □文筆 □設計 □實用性
□其他：______________________

購買本書地點：
□基道書樓 □基督教書店 □非基督教書店

性別：□男 □女 職業：______________________

信仰：□基督徒 □非基督徒

年齡：□16歲或以下 □17～25歲 □26～35歲
□36～55歲 □56歲或以上

學歷：□中三或以下 □中五 □預科
□大學 □研究院

□我欲更多了解基道出版社的事工及考慮支持，請寄給我下列資料：
□機構簡介 □新書資料 □「書中行」書會資料
□《基道文字事工通訊》

姓名：______________________ 電話：______________________

地址：______________________

____

傳真：______________________ 電子郵件：______________________

其他意見：______________________

____

多謝賜教！

意見表可以傳真（2687-0281）或直接郵寄以下地址：
香港沙田火炭坳背灣街26號富騰工業中心1011室
基道出版社編輯部收